VENTE

D'UN CABINET

D'HISTOIRE NATURELLE,

DE M. DE ***,

Composé des Minéraux du plus beau choix, Agates, Jaspes, Pierres gravées, Coquilles les plus rares, Coraux, &c. &c. &c.

Les Amateurs pourront satisfaire leur curiosité les Vendredi & Samedi 21 & 22 Novembre 1777. Tous les objets seront exposés à la vue, depuis neuf heures du matin jusqu'à une heure après midi, ainsi que pendant tout le cours de la Vente, qui commencera le Lundi 24 du même mois, trois heures de relevée, & jours suivans, à l'Hôtel d'Aligre, rue S. Honoré.

CATALOGUE

D'UNE COLLECTION

DE MINÉRAUX,

CRISTALLISATIONS,

AGATES, JASPES, &c.

MINÉRAUX.

O R.

Nᵒˢ.
1. UN très-joli morceau d'Or natif, en petites feuilles éparses fur une gangue de quartz, avec blende rouge de Hongrie.

2. Un autre auffi riche, mêlé de pyrite cuivreufe aurifere, à la décompofition de laquelle cet Or en feuilles minces paroît devoir fa naiffance.

A

3   Deux jolis échantillons d'Or natif, l'un en feuilles, l'autre en très-petit cristaux octaëdres, sur du quartz de Transilvanie.

4   Trois morceaux d'Or natif, dont un sur une gangue ferrugineuse.

A R G E N T.

5   Un riche & superbe morceau d'Argent vierge en végétation granuleuse & cubique, dans le spath séléniteux, de *Sophie près de Wittichen*, dans la Principauté de Furstemberg : il pèse cinq marcs moins trois gros.

6   Autre riche morceau d'Argent vierge, mêlé de mine blanche d'Argent, teinte en couleur d'or par une vapeur superficielle, dans le spath séléniteux de *Saint-Vinzel près de Wolfach*, dans la Principauté de Furstemberg : il pèse trois marcs une once six gros.

7   Un autre de la même espèce, mais plus petit & non coloré : du poids de neuf onces.

8   *Idem*, sept onces un gros.

9   *Idem*, sept onces dix-huit grains.

10   *Idem*, cinq onces sept gros.

11   Un morceau de la même Miniere, curieux en ce qu'une partie de l'Argent vierge est sous forme de petits lingots ou de cylindres, de deux à trois lignes de diamètre, implantés dans le spath séléniteux : il pèse cinq onces six gros vingt-six grains.

12 Autre morceau d'Argent vierge, de la
même Miniere, mêlé de mine d'Argent
rouge dans le fpath féléniteux, pefant
neuf onces & demie trente-huit grains.

13 Un autre dans lequel l'Argent vierge eft
agréablement entremêlé de galène à grandes facettes, & de fpath féléniteux : il
pèfe fept onces trois gros & demi.

14 Un joli morceau d'Argent vierge criftallifé
en dendrites articulées, fur une gangue
de fpath féléniteux, de *Sophie*, dans la
Principauté de Furftemberg : il pèfe cinq
onces & près d'un gros.

15 Un riche morceau de mine d'Argent vitreufe, mêlée d'Argent vierge, en filets
contournés, & de pyrite dans le fpath
féléniteux, de *Saxe* : il pèfe douze onces.

16 Argent vierge en boutons, & par taches
ramifiées, dans le fpath féléniteux, de
Saint - Vinzel : il pèfe un marc & un
gros.

17 Autre morceau de la même Miniere, où
l'Argent vierge en filets contournés eft
entremêlé de mine d'Argent rouge &
vitreufe, de galène & de fpath féléniteux : il pèfe treize onces deux gros dix-
huit grains.

18 Un riche morceau d'Argent vierge & de
mine d'Argent vitreufe, prefque fans
gangue, d'*Himmelsfurft*, *près de Freyberg* :
il pèfe onze onces cinq gros & demi.

A ij

19   Mine d'argent vitreuse, solide & granuleuse, dans le spath séléniteux, de *Sophie, près de Wittichen* : il pèse douze
onces un gros & demi.

20   *Idem*, pesant quatre onces six gros &
demi.

21   Mine d'argent vitreuse cristallisée, en
cubes entiers & tronqués, de la même
Miniere : il pèse un peu plus de cinq
onces.

22   Deux morceaux, l'un de mine d'Argent
vitreuse, l'autre d'Argent vierge en
dendrites articulées ; tous les deux dans
le spath séléniteux ; de *Sophie :* leur poids
est de cinq onces deux gros & demi.

23   Mine d'Argent rouge, en partie ramifiée,
mêlée de mine d'Argent vitreuse, dans
le spath séléniteux, de la même Miniere :
un marc cinq gros.

24   Mine d'Argent rouge, en petits cristaux
d'un grand éclat, sur une mine d'Argent
vitreuse aussi cristallisée & mamelonnée,
avec pyrite martiale, de *la Rose de Jéri-
cho*, à Joachimstahl en Bohême : sept
onces un gros.

25   Un petit plateau d'Argent vierge ramifié,
de *Sophie* à Wittichen, sans gangue: deux
onces sept gros.

26   Autre morceau d'Argent vierge branchu,
du *Pérou*. Plus, une petite plaque d'A-
gate veinée d'Argent vierge, aussi du
Pérou.

27 Argent natif tricoté, ou en petites pointes,
dans le spath, de *la Morgenstein*, à Freyberg.

28 Deux morceaux, l'un d'Argent natif,
l'autre d'Argent rouge.

29 *Idem.*

30 Un morceau intéressant, en ce qu'il pré-
sente un gros cube de mine d'Argent
vitreuse, dont l'intérieur décomposé a
donné naissance à des filets contournés
d'Argent vierge ; sa gangue est un spath
séléniteux, parsemé de mine d'Argent
vitreuse & de marcassites, de *Sophie* à
Wittichen.

31 Autre morceau d'Argent vierge, en longs
filets contournés sur de la mine d'Argent
vitreuse, & une mine d'Argent rouge,
de la même Miniere.

32 Petit filon de mine d'Argent rouge, passant
à l'état de mine d'Argent vitreuse ; cette
derniere est terminée par une ramifica-
tion d'Argent vierge, dans une roche
argilleuse, de *Saxe*.

33 Deux jolis échantillons d'Argent natif,
l'un en pointes, dans le spath séléniteux,
l'autre en filets capillaires, sur de la mine
d'Argent vitreuse.

34 Argent natif, en rameaux contournés dans
le spath calcaire, de *Kongsberg* en Nor-
wege, & un autre de *Saxe*.

35 Deux morceaux d'Argent natif en rameaux, dans le spath séléniteux, de
Saxe.

36 Mine d'Argent vitreuse superficielle, &
un Argent natif, de *Saxe.*

37 Un beau morceau de mine d'Argent en
plumes, avec mine d'Argent grise anti-
moniée, quartz & fer spathique lenticulaire, d'*Himmelsfurst*, à Freyberg.

38 Un curieux morceau de mine d'Argent
noire, ou mélange de mine d'Argent
vitreuse & d'Argent vierge capillaire,
sur une pyrite mamelonnée & cellulaire,
de *Sophie* à Wittichen. Plus, une mine
d'Argent rouge, mêlée de galène dans le
spath séléniteux, de *Furstemberg.*

39 Un morceau comme le premier de l'article
précédent, & une mine d'Argent rouge,
disposée par faisceaux aiguillés comme
l'antimoine, avec galène, de *Saxe.*

40 Deux morceaux d'Argent natif ramifié &
capillaire, & une mine d'Argent rouge
cellulaire.

41 Deux morceaux variés d'Argent natif, &
une mine d'Argent rouge.

42 Trois morceaux variés d'Argent natif.

43 Un joli morceau d'Argent vierge capillaire, mêlé d'une efflorescence cobaltique, & quatre autres échantillons variés.

44 Un gros & beau morceau de mine de cuivre jaune, folide & criftallifée, dont une
partie offre les plus vives couleurs de la
queue du paon, dans le quartz, des environs d'*Infpruck* en Tirol.

45 Autre morceau de la même Mine criftallifée & couleur de queue de paon d'une
beauté finguliere : il eft fans gangue, &
les criftaux font des pyramides triangu-
laires ; de la Principauté de *Furftemberg.*

46 *Idem*, plus petit.

47 Autre beau morceau de la même Mine
criftallifée & colorée, dans le quartz,
en partie criftallifé, du *Furftemberg.*

48 *Idem*, plus une jolie Drufe de quartz,
parfemée de quelques criftaux de la même
Mine colorée.

49 Deux morceaux variés de mine de Cuivre
criftallifée & queue de paon, l'un du
Tirol, l'autre avec quartz criftallifé, du
Furftemberg.

50 Deux autres plus petits.

51 Un grand & beau morceau d'azur de
Cuivre étoilé & criftallifé fur du quartz,
mêlé de mine de Cuivre grife tenant
argent, dite *Fahlertz* ; de *Bulach* dans
le Wirtemberg.

52   Autre morceau encore plus chargé d'azur de cuivre, & où la mine d'argent grise est aussi plus abondante.

53   Deux morceaux, l'un d'azur de cuivre, mêlé de quelques faisceaux de vert de cuivre satiné, l'autre de cuivre coloré comme la queue de paon ; de *Furstemberg*.

54   Trois jolis morceaux, l'un d'azur de cuivre mamelonné & velouté, les deux autres de mine de cuivre colorée & cristallisée sur des druses de quartz.

55   Deux autres, dont un d'azur de cuivre, de *Bulach*, & un comme les derniers de l'article précédent.

56   *Idem.*

57   Deux autres plus petits.

58   Un morceau de malachite mamelonnée & cellulaire, du *Tirol*, & un joli morceau d'azur de cuivre étoilé, de *Bulach*.

59   Deux autres morceaux des mêmes Mines, mais plus volumineux : celui de *Bulach* contient, outre l'azur de cuivre, du vert de cuivre soyeux de la plus riche couleur.

60   Azur de cuivre de *Bulach*, & une mine de cuivre jaune & colorée.

61   Quatre jolis échantillons, dont un de malachite & un d'azur de cuivre.

62 Six échantillons variés de mine de cuivre :
savoir, cristaux de cuivre colorés les uns
sur une druse de quartz, les autres sur
des cubes de spath vitreux ; mine de
cuivre jaune & tigrée, ferrugineuse à sa
surface, entremêlée de cristaux de quartz
des environs de Cologne ; vert de cuivre
strié sur de la fausse mine de cuivre hépatique, du *Tirol* ; vert de cuivre mamelonné & velouté, avec des aiguilles de
plomb blanc dans ses interstices, du *Hartz*,
& un azur de cuivre.

63 Huit autres morceaux variés, dont deux
de cuivre natif, un de cuivre de cé-
mentation, un de malachite, trois de
vert de cuivre strié & velouté, & un de
cristaux de cuivre colorés sur des cubes
de spath vitreux.

PLOMB.

64 Un beau morceau de Galène tessulaire,
mêlé de mine d'Argent blanche & de
quelques filets d'Argent vierge capillaire,
avec pyrite, & une jolie cristallisation
de spath, de *Saint Vinzel*, dans le Furstemberg.

64* Autre très-beau morceau de Galène tessulaire à quatorze facettes, ou en oc-
taèdres dont les six angles solides sont
tronqués sur un grouppe de spath vitreux
qui est aussi parsemé de pyrite en crêtes
de coq, & de blende mamelonnée, d'*Angleterre*.

B

65 Deux morceaux, l'un de galène colorée
    dans du quartz carié, du *Furstemberg*;
    l'autre de galène octaëdre mêlée de blende
    & de quartz, de *Pompéan* en Bretagne.

66 Un morceau de galène colorée, & une
    jolie druse de quartz chargée de cubes
    de galène, avec quelques cristaux de
    mine de cuivre.

67 Un grand & superbe morceau de mine de
    plomb verte, en petits arbrisseaux qui
    tapissent un plateau de quartz cellulaire,
    d'*Hoffsgrund*, à Fribourg en Briscaw :
    il porte environ vingt pouces de long
    sur treize de large, & trois à quatre
    pouces d'épaisseur ; ce morceau & les
    cinq suivans sont sous des cages de
    verre.

68 Autre pièce considérable de la même Mi-
    niere, totalement incrustée dans sa partie
    supérieure de mine de plomb verte pris-
    matique, pyramidale & mamelonnée de
    diverses nuances, avec céruse & massicot
    natifs, dûs à la décomposition de la ga-
    lêne.

69 Autre morceau de huit à neuf pouces
    de diamètre, où l'incrustation ma-
    melonnée de la Mine de Plomb verte est
    chargée de petits arbrisseaux de plomb
    vert en forme d'ifs, qui rendent cette
    pièce très-agréable.

70 *Idem*, en un plateau de dix pouces de long
    sur sept à huit de large.

71 Autre plateau de quartz caverneux, dont les profondes cavités sont tapissées d'une Mine de Plomb verte en fines aiguilles, & en végétation brutonnée du plus beau vert.

72 *Idem*, dont les ramifications sont plus déliées.

73 Huit autres beaux morceaux de Plomb vert de toutes les variétés précédentes, qui seront détaillés.

74 Une belle Mine de Plomb verte en prismes hexagones tronqués, courts, verticaux, la plûpart avec une légere cavité dans leur centre, sur une galène en décomposition, incrustée de Mine de Plomb terreuse, jaune sous le plomb vert qui la recouvre, *de la Croix - aux - Mines*, en Lorraine : morceau intéressant.

75 Mine de Plomb verte cristallisée sur hématite noire, de *la Croix*, & une galène panachée des plus vives couleurs.

76 *Idem.*

77 Deux jolis morceaux : l'un de galène tessulaire, très-vivement colorée dans le quartz carié, l'autre de Plomb vert, de *Fribourg.*

78 Deux autres.

79 Un beau morceau de Mine de Plomb blanche prismatique en faisceaux divergens, d'*Huelgoet*, en Basse-Bretagne, où cette veine a cessé.

80 Autre morceau singulier de Mine de Plomb
    blanche solide , prismatique & sans gan-
    gue ; on la croit de *Hesse* , mais on
    ignore de quelle miniere.

81 Mine de Plomb blanche en petites aiguilles,
    sur une gangue ferrugineuse , de *Fribourg*
    en Briscaw , peu commune.

82 Mine de Plomb blanche , plus ou moins
    transparente en cristaux polygones , &
    quelquefois lamelleux , dans un spath sé-
    léniteux , de *Geroldseck* en Suabe.

83 Autre morceau de la même Miniere.

84 Deux Mines de Plomb blanches , plus ou
    moins teintes par une vapeur sulfureuse ,
    l'une en petits cristaux polyèdres de l'éclat
    du diamant , avec galène dans le spath
    séléniteux , de *Geroldseck* ; l'autre aussi
    mêlée de galène avec un spath mame-
    lonné , de *Fribourg*.

85 Mine de Plomb blanche cristallisée , mêlée
    de Mine de Plomb terreuse , mamelon-
    née & cellulaire de diverses nuances ,
    sur une galène en décomposition , de
    Fribourg : morceau intéressant.

86 *Idem.*

87 Deux morceaux : l'un de plomb blanc , de
    Geroldseck , l'autre de galène tessulaire en
    décomposition , incrustée de Mine de
    Plomb terreuse en stalactites , de *Fribourg*.

88 *Idem.*

89 Deux jolis morceaux du même genre & des mêmes Minieres, tous les deux chargés de plomb blanc.

90 Deux morceaux : l'un de plomb blanc en aiguilles colorées par une vapeur superficielle, du *Hartz* ; l'autre de Mine de Plomb terreuse en stalactite rameuse & repercée, de *Fribourg* ; plus, un morceau de Mine de Plomb terreuse, intéressant en ce que les cubes de la galène ont conservé leur forme, quoique celle-ci soit entierement décomposée.

91 Trois autres morceaux des mêmes Mines de Plomb, blanche en aiguilles & terreuse en stalactite; le premier du *Hartz*, les deux derniers de *Geroldseck* & de *Fribourg*.

92 Deux morceaux : l'un de galène tessulaire que recouvre une druse de quartz incrustée de très-petites marcassites fort éclatantes, de *Saxe* ; l'autre de galène en décomposition, chargée de Mine de Plomb blanche & terreuse en stalactite, de *Fribourg*.

93 Deux galènes en décomposition, chargées de Mines de Plomb blanches, vertes & terreuses, de diverses nuances.

94 Galène tessulaire dans le quartz cristallisé, du *Tirol*, & deux morceaux variés de plomb blanc, de *Fribourg*.

95   Trois jolis échantillons, dont une Mine de Plomb blanche, de *Bretagne*, une Mine de Plomb cornée cristallisée, de *Gerold-seck*, & une Mine de plomb terreuse en stalactite mince, cellulaire & repercée, de *Fribourg*.

96   Galène tessulaire & colorée dans le quartz, du *Tirol*, & une Mine de Plomb terreuse en stalactite mince, repercée, chargée d'une légere incrustation de quartz.

F E R.

97   MINE de Fer cristallisée & colorée dans du quartz, de *l'Isle d'Elbe*.

98   Autre morceau de la même Miniere à gros cristaux à vingt-quatre facettes, teints par une vapeur sulfureuse, qui colore aussi la druse de petits cristaux de roche, qui sert de gangue aux cristaux de fer.

99   Deux Mines de Fer : l'une solide & cristallisée, de *l'Isle d'Elbe*, l'autre en petits cristaux hexagones posés de champ, dont les bords sont de part & d'autre en biseau, de *Framont* en Lorraine.

100   Un joli échantillon de Fer cristallisé & coloré, de *l'Isle d'Elbe*, & trois autres morceaux, deux desquels sont de Framont, à petits cristaux fort éclatans, composés de deux pyramides hexagones jointes base à base, & tronquées aux sommets ; la troisiéme est une Mine de Fer spathique, parsemée de mine de fer micacée grise, du *Furstemberg*.

101 Un beau morceau de Mine de Fer fpathique écailleufe grife , rhomboïdale
comme les fpaths perlés , fur une drufe
de criftaux de quartz , du *Furftemberg*.

102 Un morceau d'Hématite fibreufe rouge
formant filon , des environs de *Wolfach*,
& deux Mines de Fer de Framont : l'une
en géode parfemés de criftaux de fpath ;
l'autre qui eft auffi chargée de fpath calcaire pyramidal , eft un Fer fphatique.

103 Trois morceaux , dont un comme le dernier de l'article précédent , une hématite
noire & une jolie drufe de fpath calcaire
colorée par le fer , des Mines du *Brifcaw*.

104 Un morceau fingulier de Mine de Fer terreufe en boule creufe intérieurement, avec
un orifice en faillie qui lui donne une ref-
femblance parfaite avec une grenade ;
plus , trois autres Mines de Fer , dont
une hématite noire luifante , du pays de
Trèves.

105 Quatre Mines de Fer , dont une hématite
fibreufe rouge , Mine de Fer fpathique
grife fur le fpath féléniteux , &c.

106 Cinq morceaux variés de Mines de Fer
fpathique & autres , dont un peu commun.

107 Six autres.

107 * Un petit morceau d'hématite noire , rare
en ce qu'il contient une Mine de Fer en
petites lames tranfparentes qui ont la
couleur du rubis , de *Naffau-Giegen*.

ÉTAIN.

108 Deux Mines d'Etain , dont un gros
cristal solitaire , de *Schlackenwald* en
Bohême.

109 Un groupe de cristaux d'Etain dans le
quartz , mêlé de terre argilleuse blanche,
de *Saxe.*

110 Trois autres Mines d'Etain , solides &
cristallisées, de *Saxe.*

DEMI-MÉTAUX.

ANTIMOINE.

111 Mine d'Antimoine cristallisée en lon-
gues aiguilles divergentes , implantées
dans le spath séléniteux rhomboïdal , de
Felsobanya en Transilvanie.

112 Mine d'Antimoine en très-longues aiguilles , larges & spéculaires dans leur
fracture , en partie décomposées à leur
surface qui est incrustée d'un soufre doré
natif, de *Toscane.*

113 Un rare & très-beau morceau de Mine
d'Antimoine en aiguilles fines rassem-
blées par faisceaux convergens , & vi-
vement colorées à leur superficie, de
Stolberg.

114 Deux morceaux de Mine d'Antimoine grife, dont un intéreffant en ce qu'il eft chargé de mine d'Antimoine en plumes rouges, de *Braunfdorff* en Saxe.

115 Deux autres, l'un d'Antimoine gris, de *Haslach*, dans le Furftemberg ; l'autre mêlé de plumes rouges, de *Braunfdorff*.

116 *Idem.*

ZINC.

117 Un curieux morceau de Blende jaune phofphorique, dont une partie en petits criftaux demi-tranfparens, du *Schwart-zemberg*.

118 Deux morceaux : l'un de Blende jaune phofphorique, l'autre Blende criftallifée & colorée fur de la mine de fer fpathique mêlée de quartz & d'argile blanche, de *Saxe.*

119 *Idem.*

120 Deux morceaux de Blende criftallifée, dont une avec fer fpathique & colorée à fa fuperficie, comme la derniere de l'article 118.

121 Deux autres, dont un avec fpath vitreux, chargé d'une jolie criftallifation de fpath calcaire pyramidal, du *Derbyshire.*

MERCURE.

122 Mine de Mercure en cinabre, avec mercure coulant, du *Palatinat.*

C

123　Mine de Mercure en cinabre, ferrugineuse,
　　　chargée de cinabre en poussiere d'un
　　　rouge vif, de *Wolfstein*.

BISMUTH, COBALT, &c.

124　U N E riche mine de Bismuth, avec une
　　　efflorescence superficielle, d'*Annaberg*
　　　en Saxe.

125　Un morceau, en deux parties, de Bismuth
　　　en dendrites gorge de pigeon, avec
　　　mine de Cobalt grise, de *Saxe*.

126　Un rare morceau de mine de Cobalt en
　　　dendrites, dite *tricotée*, de *Schnéeberg*,
　　　& une mine de Cobalt grise cristallisée,
　　　de *Joachimsthal* en Bohême.

127　Deux jolies mines de Cobalt cristallisées:
　　　l'une en grands cubes tronqués aux huit
　　　angles, l'autre en petits cubes entiers, de
　　　Saxe.

128　Un beau morceau de fleurs de Cobalt gra-
　　　nuleuses, de *Sophie* à Wittichen, & un
　　　morceau de *Kupfernickel*, de *Saxe*.

129　Une mine de Cobalt blanche dans le spath
　　　calcaire, de *Sainte Marie-aux-Mines*,
　　　& un petit filon de Bismuth chargé d'une
　　　efflorescence cobaltique, de *Sophie* à
　　　Wittichen.

130　Un grand morceau de Granit, dont la
　　　surface est chargée de mine de Cobalt
　　　mêlée de Bismuth, de la même Mi-
　　　niere.

131 Deux mines de Cobalt solides & terreuses de diverses nuances, dont une d'*Alle-mont-en-Oisant*, dans le Dauphiné ; plus, une mine de Mercure en cinabre, solide & cristallisée, du *Palatinat*.

132 Quatre échantillons variés de mines de Cobalt & de Bismuth.

133 Trois autres; plus, un morceau de cinabre pyriteux, & un dans le spath séléniteux.

134 Mine de Cobalt avec ses fleurs, & deux Blendes cristallisées.

135 Trois morceaux, dont un de Cinabre solide avec Mercure coulant, une Blende mêlée de galène & une mine de Cobalt terreuse, avec ses fleurs de diverses nuances.

136 Un morceau peu commun d'Arsenic blanc cristallin, de *Saxe*.

QUARTZ

ET CRISTAUX DE ROCHE.

137 Un grand & superbe grouppe de Quartz, cristallisé en crêtes larges, saillantes, incrustées la plûpart, & comme bordées d'un spath séléniteux en petites écailles rhomboïdales, de la nature des spaths perlés. Il est parsemé de quelques marcassites cuivreuses octaëdres, du *Tirol*.

138 Un joli grouppe de la même variété,
      mais plus petit : il est de plus chargé de
      quelques boutons de spath calcaire pris-
      matique.

139 Autre plus chargé de spath & de cristaux
      de cuivre d'une vive couleur. Un de ses
      côtés présente une pyramide hexaëdre,
      curieuse, en ce qu'elle paroît formée
      par l'aggrégation d'une multitude de
      petits Cristaux de spath lenticulaire, po-
      sés en saillie les uns sur les autres.

140 Autre grouppe de Cristaux de Quartz, du
      Tirol, parsemé de Cristaux de cuivre
      coloré.

141 *Idem*, peu différent.

142 Un grouppe moins grand, mais très-
      agréable, des mêmes Cristaux.

143 *Idem*.

144 Autre joli grouppe de la variété de l'ar-
      ticle 137.

145 Un singulier morceau de Quartz cristal-
      lisé en cylindre ou tuyau creux, de
      trois pouces de diametre, des mines de
      Fribourg.

146 Deux jolis grouppes variés de Quartz
      cristallisés en lames saillantes & pyrami-
      dales, du *Tirol*.

147 Deux autres, l'un du Tirol, le second
      de Fribourg. Celui-ci est une espèce de
      croûte mince, qui, dans sa partie infé-
      rieure, offre les empreintes d'autres
      cristaux sur lesquels elle posoit

148 Deux grouppes de Cristaux Quartzeux des mêmes minieres : celui du Tirol, mêlé de spath calcaire, est en lames courtes, verticales, parsemées de Cristaux cuivreux.

149 Deux autres peu différens.

150 Quartz cristallisé, lamelleux, sur le spath calcaire du Tirol, & une druse de Cristaux de Quartz, avec marcassites & spath perlé, de *Sainte-Marie aux Mines*.

151 Deux autres grouppes.

152 *Idem*.

152 * Une belle druse de Quartz cristallisé & légerement coloré sur agate, d'*Oberstein*.

153 Une jolie druse en plateau, de Cristaux de Quartz, pelotonnés en cylindres ou boutons irréguliers, & une autre où le Quartz est presqu'entiérement incrusté par le spath calcaire.

154 Deux autres variées.

155 Deux groupes de Cristaux Quartzeux du *Tirol*, plus ou moins chargés de spath pyramidal dans l'un, en boutons dodécaëdres à plans pentagones dans l'autre. Plus, un troisième morceau varié.

156 Deux autres, des mêmes mines, dont un avec galène.

157 *Idem*.

158 Trois autres jolis grouppes, dont un de petits Cristaux de roche, de *Hongrie*.

CRISTAUX SPATHIQUES

ET SÉLÉNITEUX.

159 Un grand & beau grouppe de Cristaux
de spath calcaire en prismes hexagones
tronqués, de six lignes de diamètre &
au-dessous, du *Hartz*.

160 Un grouppe assez considérable de spath
calcaire pyramidal hexagone, en cor-
dons protubérancés, de *Stainea* dans le
Wirtemberg.

161 Autre beau grouppe de spath calcaire
pyramidal, dont les Cristaux, la plûpart
à deux pointes, sont couchés sur une
mine de fer, de *Framont* en Lorraine.

162 Portion d'une très-grande aiguille de
spath calcaire pyramidal, sur laquelle
sont grouppés d'autres Cristaux plus petits de même forme. Ce morceau mon-
tre par sa cassure que le spath calcaire
pyramidal, n'est qu'une variété du rhomboïdal.

163 Un curieux grouppe de spath calcaire
pyramidal, dont les aiguilles implantées
sur une druse de quartz, sont incrustées
d'un spath perlé blanc en petites écailles
qui se recouvrent l'une l'autre. Ce morceau, mêlé de galène & de mine de cuivre, vient du *Tirol*.

164 Un grand Criſtal à deux pointes de ſpath
calcaire pyramidal, lequel eſt non-ſeu-
lement incruſté dans ſon entier du même
ſpath perlé blanc que le précédent, mais
encore parſemé de petits criſtaux de
ſpath lenticulaire plus ou moins ſaillans
ſur le ſpath perlé ; morceau intéreſſant.

165 *Idem*, un peu moins complet & un
grouppe de criſtaux de ſpath calcaire
priſmatique & pyramidal, d'*Angleterre.*

166 Deux grouppes, l'un de Criſtaux de ſpath
calcaire pyramidal de *Stainea* dans le
Wirtemberg, l'autre de ſpath vitreux,
en grands cubes incruſtés de quartz criſ-
talliſé & coloré, de *Giromagny.*

167 Deux autres, dont un de ſpath calcaire
pyramidal, & un de ſpath vitreux en
grands cubes, parſemés de blende & de
pyrite, avec galène à ſa baſe, du *Desbyſ-*
hire.

168 Un grouppe aſſez conſidérable de ſpath
vitreux en grands cubes, dont un, for-
mé par l'aggrégation de pluſieurs autres,
a plus de trois pouces de face ; auſſi
d'*Angleterre.*

169 Autre grouppe des mêmes Criſtaux cubiques, mêlés de pyrite en crêtes de coq
& de blende criſtalliſée.

170 Autre, plus chargé des mêmes pyrites en
crêtes de coq, & de galène teſſulaire, à
quatorze facettes : ſa baſe offre l'empreinte des aiguilles de ſpath calcaire
pyramidal, ſur leſquelles il poſoit.

171 Un grouppe des mêmes Criſtaux de ſpath
vitreux, mêlés de pyrite, de blende &
de galène. Une de ſes faces offre les
Criſtaux de ſpath calcaire pyramidal ,
dont on ne voit que les empreintes ſur
le morceau précédent. Plus , un grouppe
des mêmes Criſtaux de ſpath pyramidal ,
coloré par le fer , des mines du *Briſcaw*.

172 Deux grouppes , l'un de ſpath vitreux cubique , avec blende & pyrites , d'*Angleterre* ; l'autre de ſpath calcaire blanc pyramidal ſur une druſe de quartz. Plus un
comme le dernier de l'article précédent.

173 Deux grouppes de criſtaux de ſpath calcaire pyramidal , dont un incruſté comme
le morceau décrit à l'*article* 164. Plus ,
un grouppe de ſpath vitreux cubique.

174 Deux grouppes de ſpath calcaire pyramidal , dont un globuleux coloré par le fer.
Plus , un grouppe de ſpath vitreux en
cubes incruſtés de pyrites , avec blende
& galène , d'*Angleterre*.

175 Trois jolis grouppes , l'un de Criſtaux
de ſpath calcaire en priſmes hexagones
tronqués , d'un blanc mat à chaque extré-
mité , diaphanes vers le centre , du
Hartz : l'autre , eſt une aiguille com-
plette de ſpath pyramidal , incruſtée
comme celle de l'*article* 164 , mais
chargée de plus de Criſtaux de quartz :
le troiſième eſt un ſpath calcaire pyramidal en petits Criſtaux colorés par le
fer.

176 Trois grouppes, l'un de spath vitreux en
cubes incrustés de petits Cristaux transparens de spath calcaire prismatique,
à pyramides triëdres obtuses, d'*Angleterre*. Le second de spath séléniteux, en
tables posées de champ, dont les bords
sont en biseau, & colorés par une vapeur superficielle, du *Furstemberg*. Le
troisième est un spath perlé, incrustant
un spath calcaire sur une druse de quartz,
de *Sainte-Marie-aux Mines*.

177 Deux grouppes de spath calcaire pyramidal, dont un coloré par le fer, & deux
autres grouppes, l'un de spath vitreux
en cubes tronqués aux huit angles, &
le dernier de spath séléniteux, en tables
posées de champ, dont les bords sont
en biseau.

178 Un grand & curieux morceau de spath
velouté ou cristallisé en aiguilles fines,
d'un blanc plus ou moins vif, concentrées en mamelons soyeux & comme
veloutés sur une mine de fer protubérancée, mêlée de galène & d'un peu de
plomb blanc des mines de *Fribourg*,
sous cage de verre.

179 Autre morceau moins grand, mais à profondes cavités, tapissées des mêmes aiguilles de spath velouté, sur une base
ferrugineuse, aussi sous cage de verre.

180 Un morceau du même spath velouté,
dont la base ferrugineuse est aussi mêlee
de plomb blanc & de galène.

D

181 Autre morceau du même spath velouté,
coloré par une vapeur à sa superficie.

182 *Idem.*

183 Autre, un peu moins grand.

184 Un grand morceau protubérancé du même
spath, dans lequel le plus grand nombre des mamelons sont à aiguilles moins
saillantes.

185 Un morceau du même spath velouté sur
sa gangue ferrugineuse, & un groupe
de spath vitreux cubique, mêlé de galène.

186 Quatre morceaux de spath des variétés
ci dessus décrites : savoir, un de spath
vitreux cubique, un de spath séléniteux
en tables, & deux de spath pyramidal.

187 Quatre autres, dont un spath velouté,
une aiguille de spath pyramidal sur le
spath séléniteux en tables, un grand
cube de spath vitreux, &c.

188 Quatre autres petits groupes variés.

189 Cinq autres, *idem.*

190 Un groupe assez considérable de Cristaux de sélénite prismatique décaèdre,
rhomboïdale, sur une base de sel gemme, du *Tirol.*

191 Autre groupe des mêmes Cristaux sur
une base schisteuse, des mêmes salines
du *Tirol.*

192 *Idem*, moins grand, dont les Cristaux
sont transparens, comme le Cristal de
roche le plus pur.

193 *Idem*, avec un grouppe de spath calcaire
pyramidal, coloré par le fer.

194 Deux autres grouppes des mêmes cristaux
de spath, plus ou moins pénétrés par le
fer, & un de Cristaux de félénite.

MÉLANGES DE MINES

ET DE CRISTAUX.

195 Un morceau de quartz cellulaire & ferru-
gineux des anciennes fouilles de *Giro-*
magny, curieux en ce qu'il est parsemé
de Cristaux de plomb vert, dûs à la
décomposition de la galène que contenoit
autrefois ce morceau, & dont il doit
encore rester des vestiges dans son intérieur.

196 Un bloc de quartz cellulaire & ferrugi-
neux, rempli de galène à grands cubes
plus ou moins altérés & décomposés à
leur surface, qui est incrustée d'une Mine
de plomb terreuse en Stalactite, & en
plusieurs endroits de Mine de plomb
blanche, des Mines de *Fribourg*.

197 Un très-gros bloc d'hématite noire en
pointes coniques, nombreuses & protu-
bérancées, de *Framont* en Lorraine.

198 Deux morceaux, l'un de quartz cellulaire
    avec galène en décomposition, incrustée
    de Mine de plomb verte , & un spath
    calcaire pyramidal, aussi mêlé de galène.

199 Un curieux morceau de galène tessulaire
    en décomposition , chargée de Mine de
    plomb terreuse en Stalactite, de plomb
    vert & jaunâtre & de plomb blanc de
    Fribourg. Plus , un spath velouté &
    mamelonné des mêmes Mines.

200 Deux morceaux , l'un d'azur de cuivre ,
    mêlé de vert soyeux avec falhertz , dans
    le quartz , de *Bulach :* l'autre est une py-
    rite colorée superficielle , sur galène &
    blende, de *Saint-Rupert* en Briscaw.

201 Un Morceau comme le dernier de l'arti-
    cle précédent , une Mine de cuivre
    queue de paon, & un morceau de Sin-
    ter ou Stalactite calcaire blanche , à ra-
    mifications courtes.

202 Quatre morceaux, dont une Galène en
    décomposition , chargée de Mine de
    plomb terreuse en Stalactite, & un
    plomb vert *de Giromagny* , de la va-
    riété de l'*article 195*.

203 Mine de fer hépatique avec une cristalli-
    sation de quartz , de *Cornouaille* en An-
    gleterre ; une grosse Aiguille de spath
    pyramidal, & un morceau comme le
    premier de l'*article précédent.*

104 Une Mine de cuivre , colorée, & trois cristallisations spathiques ou quarzeuses , dont une incrustée de plomb vert.

205 Un beau morceau de Mine de plomb blanche, en cristaux polygones transparens, de *Geroldseck* , & trois cristallisations de spath.

206 Un grand morceau de *Sinter* à base ferrugineuse , & quatre autres échantillons variés.

207 Argent natif en feuilles superficielles sur du *Kneſs* de Saxe : pyrites cuivreuses colorées & cristallisées sur le spath calcaire pyramidal , & une autre pyrite colorée sur du quartz.

208 Azur de cuivre granuleux dans le spath séléniteux blanc de Saalfeld , galène colorée entre ses deux lisieres, de Saarbruck; Mine de cuivre, très-vivement colorée, du Tirol , & une pyrite aussi colorée sur le spath séléniteux.

209 Mine de plomb blanche sur une galène en décomposition , du *Hartz* ; une Mine de cuivre colorée & un spath velouté.

210 Deux Cristallisations , l'une de spath , l'autre de quartz , & deux pyrites colorées, dont une cuivreuse.

211 Une mine d'étain, un plomb vert , une galène & une cristallisation de spath.

212 Quatre autres morceaux , dont un argent rouge & deux Mines de cuivre.

213 Une belle Mine de cuivre colorée & trois autres morceaux dont un de *Giromagny*.

214 Six autres Mines & Criftallifations, dont un plomb blanc de *Geroldfeck*.

215 Un grand plateau de quartz criftallifé, incrufté de plomb vert.

216 Un plomb vert, une pyrite curieufe, colorée & criftallifée fur du *Cauk*, mamelonné d'Angleterre, & un fpath pyramidal incrufté de fpath perlé.

217 Trois morceaux de pyrites & criftallifations.

118 Argent natif de Saxe, un morceau de Malachite, & un beau morceau de plomb vert.

219 Deux gros morceaux, l'un de fleurs de Cobalt granuleufes & étoilées; l'autre eft une galène teffulaire avec pyrites colorées.

220 Marcaffites en cubes tronqués fur un fpath vitreux en cubes, de Giromagny; une Mine de cobalt terreufe avec fes fleurs, & un quartz cellulaire, de *Fribourg*.

221 Une calotte de quartz, incruftée de plomb vert; azur de cuivre de Bulach, & un cuivre criftallifé & coloré, du *Furftemberg*.

222 Trois autres morceaux, dont un d'antimoine en fines aiguilles fur du quartz, de *Haslach*.

223 Trois groupes de cristaux, l'un de quartz
de Fribourg ; les deux autres de spaths
calcaire & vitreux.

224 Quatre cristallisations variées , dont un
joli groupe de spath prismatique hexagone, terminé par des pyramides courtes
hexaèdres sur une pyrite cuivreuse, d'*Angleterre*.

225 Quatre autres , dont une Mine de plomb
terreuse & cellulaire , de *Fribourg*.

226 Une Mine d'étain avec quartz & mica,
& trois autres morceaux.

227 Un groupe de Cristaux de roche sur du
schiste micacé , & trois autres morceaux.

228 Deux cristallisations spathiques & quartzeuses , & deux Mines de cuivre , dont
une avec argent gris cristallisé.

229 Azur de cuivre de Bulach; Mine de plomb
terreuse en stalactite ; croûte quartzeuse
cellulaire & légere ; & un spath mêlé d'argent rouge.

230 Quatre différentes cristallisations spathiques & quartzeuses.

231 Deux autres; plus une Mine de cuivre &
un plomb vert.

232 Un vitriol de cuivre de Saint-Bel en Lyon-
nois, & trois autres morceaux.

233 Une Mine d'argent rouge , un plomb
vert sur galène , & deux cristallisations.

234 Un *flos-ferri*, un plomb vert & trois cris-
    tallisations.

235 *Idem.*

236 Cinq grouppes ou morceaux, dont un ar-
    gent rouge, & une jolie cristallisation de
    quartz.

237 Une Mine d'argent grise de Freyberg, &
    quatre autres morceaux.

238 Cinq morceaux, dont un argent rouge &
    un cuivre coloré.

239 Une belle marcassite cuivreuse, un plomb
    vert, un cuivre de Bulach & trois autres
    morceaux.

240 Six autres, dont une galène tessulaire avec
    blende de Pompéan, Mine de fer spa-
    thique caverneuse, du Furstemberg, &c.

241 Soufre natif jaune dans la pierre calcaire,
    Mine de cobalt, mêlée de bismuth sur
    un granit, & un morceau de fleurs de
    cobalt granuleuses.

242 Cinq gros morceaux, dont un plomb
    blanc de la croix, une galène tessulaire
    de Bretagne, &c.

243 Cinq autres, dont un fer spathique écail-
    leux de diverses nuances.

244 Mine d'argent vitreuse en feuilles super-
    ficielles; Mine d'antimoine grise étoilée,
    Mine de plomb verte & trois autres mor-
    ceaux.

245 Six morceaux variés , dont un d'argent
rouge.

246 Argent natif capillaire de Saxe, une Mine
d'argent grise , & quatre autres morceaux.

247 Six morceaux, dont deux échantillons variés d'argent rouge.

248 Six autres, dont une Mine d'argent grise
solide , avec argent rouge superficiel.

249 Six autres, dont deux mines d'argent.

250 Une Mine de cuivre verte soyeuse, plomb
vert sur du quartz cellulaire , & cinq
autres morceaux.

251 Un morceau de manganaise , un grouppe
de marcassites cubiques , une Mine d'argent rouge & cinq autres morceaux.

252 Neuf échantillons variés, dont une Mine
d'antimoine.

253 Un grand morceau de Sel gemme du Tirol , un grouppe de Cristaux de sélénite
& huit autres morceaux.

254 Divers morceaux d'Amiante , dont une
touffe dans le spath calcaire rhomboïdal,
& un gypse strié.

255 Douze échantillons de Sel gemme du Tirol , un morceau d'amiante & deux
fontes de cobalt ou *speiss* des Allemands.

256 Un tiroir de différentes Mines.

E

257 Une petite suite composée de vingt-sept cartons, contenant des échantillons de diverses Mines & cristallisations, avec la feuille indicative de chaque espèce.

258 *Idem*, de trente-un cartons ou morceaux.

259 *Idem*, de trente-huit cartons.

260 Une grande pièce représentant une Minière avec ses puits, ses galeries & autres travaux des Mines; on y a placé de petites figures de Mineurs en diverses attitudes : ce morceau, fait en Allemagne, porte environ deux pieds de hauteur sur un peu moins de largeur; il est sous une cage de verre.

261 Une autre plus petite, faite en malachite & en azur de cuivre du Tirol. Les figures des Mineurs sont très-délicatement exécutées, aussi sous verre.

262 Les travaux des Mines représentés par diverses figures de Mineurs, occupés de ces travaux : dans un flacon de verre, de forme carrée & à goulot étroit, artistement fermé.

263 Quatorze figures de Mineurs en bois peint, & de trois à quatre pouces de proportion, chacune desquelles est sur un socle carré, surmonté d'un grouppe de divers échantillons de Mines & de Cristaux de différens genres.

AGATES, CAILLOUX,

JASPES, &c.

264 Deux belles plaques d'Agate orientale à rubans.

265 Trois plaques, dont une d'Agate d'orient, une d'Agate cristalline d'Allemagne, & une de Caillou d'Egypte.

266 Deux plaques coupées l'une sur l'autre, & trois autres échantillons de Sardoine à filets.

267 Une petite plaque carrée d'Agate œillée orientale, une belle plaque de Sardoine, & trois autres plus petites, deux desquelles sont à filets.

268 Quatre autres plaques d'Agate d'Allemagne, dont une pourroit passer pour orientale.

269 Deux petites plaques d'Agate orientale, deux de sardoine & une à filets.

270 Divers échantillons d'Agate & de Cornaline au nombre de huit.

271 Cinq jolis échantillons d'Agate, mouchetée ou accidentée.

272 Trois plaques d'Agate mouchetée & rubanée, & une de Jaspe sanguin.

273 Une jolie plaque de caillou d'Egypte, & cinq d'Agate jaspée, & autre.

E ij

274 Deux plaques de Jaspe & une de Grenat
de Bohême.

275 Deux jolies plaques de Caillou d'Egypte,
& deux de Jaspe-Agate, dont une imite
le bois veiné.

276 Une plaque ovale de Caillou d'Egypte, &
trois d'Agate à pans.

277 Deux plaques de Jaspe sanguin, une de
Jaspe fleuri d'Egypte, une de Jaspe-Agate,
& une de Caillou de Rennes.

278 Deux Agates arborisées, dont une orientale dans une petite cuvette d'ambre.

279 Trois Agates arborisées, deux desquelles
sont orientales.

280 Sept petites Agates arborisées, dont une
orientale.

281 Une Agate œillée orientale, trois Agates
arborisées ou accidentées, deux Cornalines de vieille roche, un Jaspe & une
Plume de paon.

282 Huit autres pierres, dont quatre Agates
arborisées ou accidentées, la plûpart
orientales; deux Jaspes fleuris accidentés, deux Onices, plus une jolie Plume
de paon.

283 Trois plaques de *Lapis*.

284 Une cuvette & deux autres échantillons
de *Lapis*. Plus, une pierre à couleuvre des
Indes orientales.

285 Une plaque carrée de Jaspe - Agate, &
deux autres à pans , d'ivoire fossile ruba-
né, tiré d'une des dents molaires de l'élé-
phant.

286 Une tabatiere en cuvette à pans , d'Agate
cristalline d'Allemagne.

287 Une autre de même forme de Poudingue
ou Caillou d'Angleterre.

288 Une tabatiere en cuvette ovale de prime
de grenat , le couvercle est un peu plus
large que la boîte.

289 Une boîte carrée, non montée , d'Agate
herbée , & une autre en cuvette ovale
de Caillou d'Egypte.

290 Une boîte en cuvette de Caillou d'Egypte,
& quatre autres petites cuvettes ou échantillons d'Agate.

291 Une cuvette & deux plaques d'Agate ,
dont une à filets , plus une plaque d'A-
gate jaspée.

292 Quatre cuvettes , dont deux d'Agate.

293 Quatre belles plaques carrées de bois
pétrifié.

294 Trois morceaux de Cailloux bruts , polis
sur une de leurs faces , dont deux pa-
nachés coupés l'un sur l'autre.

295 Quatre autres , dont deux rubanés de
vert & de blanc , provenans du même
Caillou.

296 Dix échantillons variés d'Agate, Jaspes, Cailloux, Granit, &c. en partie bruts & en partie polis.

297 Neuf Cailloux bruts ou polis, dont une Cornaline, une Calcédoine, &c.

298 Douze plaques ou échantillons d'Agate, &c. plus une pomme de cane & un manche de couteau d'Agate.

299 Un petit canon de Cristal, rare en ce qu'il contient deux gouttes d'eau mobiles.

300 Deux canons de Cristal accidentés, dont un remarquable par une autre aiguille de Cristal coloré qu'il renferme.

301 Un canon de Cristal rempli de fines aiguilles de schorl, & trois autres Cristaux accidentés.

302 Grenats transparens à vingt-quatre facettes dans leur gangue talqueuse ; un Grenat dodécaèdre dans le mica blanc, & un grouppe de Cristaux de roche à deux pointes dont les aiguilles sont couchées transversalement.

303 Une plaque de Cristal mousseux ou dont l'intérieur est comme tapissé de mousses.

304 Deux mines de Grenat, plus un Grenat solitaire dans le mica & cinq autres échantillons de Cristal, de fausses hyacintes, &c.

305 Deux Bufonites & divers échantillons d'Agate, jaspe, prime d'émeraude en canons percés par les Indiens, &c., en tout quatorze pieces.

306 Une grande boîte contenant divers petits
Cristaux solitaires de quartz, Cristal de
roche, émeraudes, chrysolites, fausse
hyacinte, schorl, macles, marcassites,
&c.; plus, différens échantillons d'A-
gate, jaspe, spaths, turquoises, &c.

307 Deux pierres de Florence, dont une
grande représente des ruines; sur l'autre,
où sont des dendrites, est un paysage avec
édifices en pierres de rapport.

308 Une belle plaque de dendrites sur pierre
fissile, de *Bade* en Suisse.

309 Deux autres de même nature.

310 Une grande plaque carrée de serpentine,
& sept autres plus petites, dont une d'o-
phite ou serpentin antique, &c.

311 Divers échantillons d'Ambre ou de succin
dont quelques uns renferment des insectes; plus, un morceau d'Ambre gris.

312 Sept morceau d'Ambre & de Copal, la plus
part avec insectes.

313 Un gros Caillou rubanné singulier par sa
forme, à peu près cylindrique dans ses
extrémités & renflé vers le centre; il
porte huit pouces de hauteur sur six à
sept dans son plus fort diametre.

314 Une Ichtyolite ou empreinte de poisson
avec sa contre-partie sur une ardoise, de
Zurich, & deux belles empreintes de
filicules ou fougeres, aussi sur ardoise.

314 Quatre Échinites fossiles ou minéralisées ; trois autres Pétrifications & deux Pierres taillées de maniere à imiter deux marrons pétrifiés.

315 * Une grande Nérite fossile du *Soiſſonnois*, une Curiolite, un Crabe fossile, & huit autres pétrifications.

316 Un tiroir d'Échinites & autres pétrifications.

317 Un tiroir d'incrustations.

CURIOSITÉS DE L'ART.

318 Un Masque de Negre, un Amour en creux sur un petit grenat, & huit autres bruts de pierres fines.

319 Une Bague antique, dont la pierre tournante est un scarabée étrusque serti en or, & l'anneau de fer doré ; plus, une prime d'émeraude taillée en carapace de tortue, & une petite serpette à lame dorée avec une devise françoise.

320 Un Scarabée étrusque & neuf pierres gravées, la plupart antiques, tant en creux qu'en relief.

321 Une Sardoine gravée en creux représentant d'un côté Adam & Eve dans le Paradis terrestre, & de l'autre Abel & Caïn sacrifiant au Seigneur ; plus, deux autres pierres gravées, d'*Allemagne*.

322 Trois autres Pierres en creux, gravure mo-
derne, dont Mercure debout avec ses at-
tributs.

323 Deux Cornalines & deux Onices gravées
en creux.

324 Cinq autres Pierres gravées en creux, dont
trois Cornalines & deux Onices.

325 Trente-deux petites Pierres gravées sur
cornaline, lapis, jaspe, &c.

326 Sept autres gravures en relief.

327 Vingt Camées sur coquille ou de com-
position.

328 Vingt autres.

329 Un Quadrige antique, gravure en creux,
montée en bague.

330 Un Cristal accidenté, monté en bague.

331 Un morceau de Cristal de roche brun,
parfaitement net, taillé en pomme de
canne.

332 Autre pomme de cane de cristal d'une
belle eau; trois dez & deux autres morceaux de cristal.

333 Une Boîte en cuvette avec son couvercle
de cristal de roche.

334 Trois Dez de cristal, trois autres, & un
Œuf de serpentine; plus, une Tabatiere montée, de caillou d'*Egypte*, dont
une batte est cassée.

335 Une Tabatiere carrée de sardoine d'*Allemagne*, montée en vermeil.

F

336 Une Tabatiere carrée, de caillou d'*Angleterre*, montée en similor.

337 Une Tabatiere de vernis doublée d'écaille
avec une miniature qui repréfente une
femme au bain fe regardant dans fon mi-
roir.

338 Une Pomme de cane repréfentant une
tête de Négre dont la coïffure d'or &
d'argent eft enrichie de grenats, d'hyacintes, de topafes & autres pierres fines.

339 Judith qui vient de couper la tête à Ho-
lopherne, gravure en relief fur corail
rouge.

340 L'Annonciation, l'Affomption de la Vierge
& autres petites figures auffi en corail
rouge.

341 Vingt autres morceaux de corail travaillés
ou gravés de relief.

342 Un Couteau turc avec fa gaîne damaf-
quinée en argent & en vermeil : le manche
eft enrichi de turquoifes.

343 Divers Tableaux, Figures en cire, en
ivoire, albâtre, &c. qui feront détaillés.

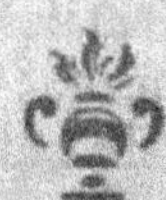

COQUILLES.

344 Un grand Nautile papyracé, de la *Méditerranée.*

345 Une grande Moule de *Magellan.*

346 Une Pintade dépouillée jusqu'à la nacre.

347 Une Perdrix rouge d'un beau volume.

348 Un petit Fuseau & trois vis tigrées.

349 Deux Tours de Babel, dont une blanche & cinq vis différentes.

350 Une grosse Vis à caractères, deux Vis tigrées & l'aiguille de tambour.

351 Deux Mitres en pendans.

352 Le Taffetas, l'Ecorchée, la Brunette & trois autres rouleaux.

353 La Chiure de Mouches & dix autres Cornets.

354 Un grand Damier, un Tigre à bandes jaunes & la Couronne impériale.

355 Une Borne & deux Olives de Panama.

356 Deux autres Olives de Panama & un Taffetas.

357 Deux Brunettes variées & quatre autres rouleaux.

358 Deux Tapis de *Perse* & un Buccin de *Cayenne.*

359 Deux Bouches d'argent, dont une dépouillée, & une peau de serpent.

360 Deux Chicorées & quatre autres Coquilles.

361 Deux Araignées mâle & femelle, & un Scorpion Bélier.

362 Le Bonnet Chinois, le Toit Chinois, & quatre autres Limas.

363 Le Cœur de bœuf & deux Rayons de miel, dont un dépouillé.

364 Une Veuve dépouillée & quatre autres Coquilles.

365 Un Jambonneau & deux Tuyaux d'orgues.

366 Une grande Moule du Rhin, dépouillée & d'une belle nacre.

367 Une petite Moule de Magellan, & deux autres Moules.

368 Une Coraline.

369 Deux Bouches d'argent, dont une à tubercule & une peau de Serpent.

370 L'Unique buccin, la Figue & trois autres Coquilles.

371 Une Massue d'Hercule, & deux Buccins de la *Méditerranée*.

372 Deux Pourpres rameuses, dont une à bouche rouge.

373 Une Huître épineuse d'*Amérique* & deux de la *Méditerranée*.

574 Un Chou.

575 Quatre Olives, dont deux à bandes.

576 Une Veuve dépouillée, & deux autres Coquilles.

377 Un chou.

378 Deux Olives de Panama, deux Figues & six autres Coquilles.

379 Une petite Moule de Magellan & trois autres Coquilles.

380 Quatre Boutons de Camisole, un petit Buccin feuilleté & dix autres Coquilles.

381 Une Poulette de Magellan, la petite Oreille de Midas, trois Thiares fluviatiles & treize autres coquilles.

382 La petite Mure & quinze Nérites.

383 Six Oreilles de mer, dont une à gouttiere, & six autres Coquilles.

384 L'Hirondelle & dix-huit autres Coquilles dont plusieurs Pétoncles de la *Méditerranée*.

385 Un *Concha Veneris*, deux Tuilées, deux Rapes & deux autres Cames.

386 Quatre Tellines, dont le Soleil levant.

387 Deux Guillochées, une Came luisante & trois autres Cames.

388 Une boîte de diverses Coquilles.

389 Douze Oursins.

390 Deux Moules de Magellan, une grande,
une petite.

391 Une Moule d'*Alger* & une bleue de la *Méditerranée.*

392 Une Moule violette du *Nord*, une d'*Alger*.

393 Deux Moules de Magellan, l'une grande,
l'autre médiocre.

394 Deux Moules, dont une bleue de la *Méditerranée* & une du *Nord*.

395 Deux Moules de Magellan, une grande
& une petite.

396 Une Moule du Rhin.

397 Deux Moules de Magellan.

398 Une Moule du *Nord* & une bleue de la
Méditerranée.

399 Trois Moules, dont une de *Guinée*, une
du *Nord* & une petite bleue.

400 Sept Gateaux feuilletés.

401 Trois Chicorées & un Scorpion Bélier.

402 Quatre Chicorées.

403 Cinq Chicorées, deux sont des grandes
Indes.

404 Deux Scorpions Béliers, une Chicorée &
une Araignée.

405 Deux Chicorées, une Tuilée & un Scorpion
Bélier.

406 Deux Chicorées, un Scorpion Bélier & une
Araignée.

407 Deux Araignées, une Chicorée & un Scorpion Bélier.

408 Deux Chicorées des grandes *Indes* & quatre
Roties.

409 Deux Araignées, une Chicorée & un Scorpion Bélier.

410 Une Houlette.

411 Une Aîle de papillon.

412 Deux Musiques & un Bois veiné.

413 Une grande Pholade de l'*Amérique* avec
toutes ses pieces.

414 Deux especes de Vis tronquées de *Madagascar*, un Taffetas & une Datte.

415 Deux Conques persiques.

416 Deux Tasses panachées & une Porcelaine.

417 Un Crapaud à bouche aurore & un Toit
Chinois.

418 Une Figue, une Unique, une Massue &
un Taffetas.

419 Deux Brunettes en pendans.

420 Un Limas de *Madagascar*, un de couleur
de rose & un en pyramide avec des tubercules.

421 Une Princesse & deux Mures à bouche
aurore.

422 Trois Aîles d'ange de différentes couleurs.

423 Quatre Vis en pendans.

424 Un Limas de *Madagascar*, un Sabot marbré & un Bonnet Chinois.

425 Un Œil de bœuf & deux Peaux de serpent.

426 Une Tuilée, une Moule Malouine, une Datte & un Cœur.

427 Une Cuillier à pot & six autres Coquilles.

428 Un Fuseau à dent, dont un de l'espece rare.

429 Un Tigre couleur de chair.

430 Une belle Tine de beurre.

431 Un grand Télescope.

432 Une Tuilée jaune, une petite blanche, une Moule malouine & une Datte.

433 Un grand Argus & une Porcelaine chevronnée.

434 Une Moule malouine, une Tuilée jaune, une Datte, un Cœur & deux Bouches d'argent.

435 Une fausse Spéculation & un Drap d'or.

436 Deux Limas peu communs & une petite Princesse.

437 Une fausse Spéculation & un Drap d'or.

438 Une fausse Spéculation & un Tigre à bandes jaunes.

439 Une fausse Spéculation & un Minime gris.

440 Un grand *Concha exotica*.

441 Un Limas couleur de rose, deux peaux de Serpent & une Bouche d'argent.

442 Un Limas couleur de rose, deux Bouches
d'argent, un Limas fluviatile & un petit
Zebre.

443 Un Lievre & deux Tasses, l'une mouchetée, l'autre alongée.

444 Une Fileuse, deux Olives de Panama &
deux Cornets.

445 Une Moule bleue & une verte.

446 Deux Moules de Magellan.

447 Une *dito.*

448 *Idem.*

449 *Idem.*

450 Une Moule de Magellan & une Moule
bleue.

451 Une Moule du Rhin & une Moule de la
Côte d'Or.

452 Deux Dauphins & une Peau de serpent.

453 Une Mître & une Tiare en pendans.

454 Une Bécasse épineuse des grandes Indes.

455 Deux Moules de Papoux, & une bleue du
Golfe Persique.

456 Un Amiral.

457 Une Huitre des grandes Indes & trois Crêtes
de coq.

458 *Idem.*

459 Une Huitre des grandes Indes & quatre
Crêtes de coq.

G

460 Une Huître des grandes Indes & trois Crêtes de coq.

461 Un Arrosoir.

462 Une Moule d'Alger, une bleue & une petite verte.

463 Un *Concha exotica.*

464 Deux Moules de Papoux & une Moule bleue avec un bord blanc.

465 Une Aîle de papillon & un Pavé d'Italie.

466 Une Navette de Tisserand.

467 Une Oreille de Midas.

468 Un Limas Unique, ombiliqué.

469 Deux Limas, l'un dépouillé, l'autre avec ses couleurs naturelles, de la nouvelle Zélande.

470 Un Limas noir tricoté & un lisse en pendans.

471 Une Moule de la riviere de la Plata, une de Guinée, une arborisée & une petite de la Méditerranée.

472 Une Coraline de toute beauté.

473 Deux Limas, une peau de Serpent, une Bouche d'or & un Limas vert.

474 Un grand Marteau parfait.

475 Une belle Moule de Magellan; il sera vendu plusieurs lots sous le même numéro.

476 Un Chou riche en couleurs.

477 Une grande Couronne d'Ethiopie.

478 Un grand Fuseau de la Chine.

479 Neuf Coquilles.

480 Deux Chicorées de Gorée.

481 Deux Limas fluviatiles, un Casque d'Espagne & un à tubercules.

482 Une Tuilée jaune & une Came coupée.

483 Une petite Tuilée, une Pintade & une à
charniere denticulée.

484 Une Perdrix rouge, un Ane rayé, un Zebre;
il y aura plusieurs lots vendus sous le
même numéro.

485 Une belle Moule de Magellan; il y aura
plusieurs lots vendus sous le même numéro.

486 Deux Casques, dont un rare.

487 Cinq Boutons de camisole.

488 Une Arlequine des grandes Indes.

489 Une Corbeille des grandes Indes.

490 Deux Musiques & trois Harpes, dont une
couleur de rose.

491 Une Selle polonoise de toute beauté.

492 Huit Limas de différentes especes.

493 Une Tour de Babel des grandes Indes,
une de l'Amérique, un Fuseau, un autre
plus petit & trois petites Vis.

G ij

494 Trois Olives & trois Limas éperonnés.

495 Un Bouclier, trois Lépas couleur de rose & un autre Lépas.

496 Une Lime douce, une Lime rude, une Rape & une petite Moule de Magellan.

497 Une Carte géographique, un Argus & une Arlequine.

498 Trois Hirondelles.

499 Cinq Lépas.

500 Une Bouche d'or, un Limas couleur de rose & trois autres.

501 Sept Coquilles.

502 Une Came *Cedo-nulli.*

503 Huit Lépas.

504 Une Vis tronquée unique, une Vis tronquée de Madagascar, & sept autres de différentes especes.

505 Douze Vis de différentes especes.

506 Deux Ivoires, deux Papiers marbrés & quatre autres Cornets.

507 Huit Rouleaux & Cornets.

508 Une Couronne impériale, une Amadis, & cinq autres Coquilles variées.

509 Neuf Rouleaux & Cornets.

510 Neuf Lépas de différentes especes.

511 *Idem.*

512 Deux *Concha Veneris* & douze autres Coquilles.

513 Deux Cabestans & seize autres Coquilles
différentes.

514 Une Coraline & trois Peignes de Saint-
Jacques.

515 Deux Peignes d'Espagne, deux de l'O-
céan, deux de la Méditerranée, un de
Saint-Jacques, une Pelure d'oignon sur le
couvercle ; il y aura plusieurs lots.

516 Un Buccin feuilleté, deux Limas fluviatiles, & dix autres Coquilles de différentes
especes.

517 Un Fuseau blanc & six autres Coquilles.

518 Un Dauphin, deux Térons de Vénus &
sept autres Coquilles.

519 Une grande Selle des Indes.

520 Deux Massues, deux Dragons & deux
Buccins à aîles couleur de rose.

521 Une Grimace, une Manchette & huit
autres Coquilles différentes.

522 Un Fuseau & sept Vis bien conservées.

523 Une Cordeliere, deux Lards ou Coutils
& cinq autres Coquilles.

524 Deux Tonnes mouchetées & quatre Casques.

525 Cinq Crapauds, deux Culottes de Suisse
& quatre autres Coquilles.

526 Un Sabot marbré & sept autres Coquilles.

527 Une Bouche d'argent, une autre dépouillée, & trois autres Limas.

528 Un Limas, un Entonnoir & neuf autres Coquilles.

529 Un grand Buccin feuilleté & six autres Coquilles.

530 Deux Limas noirs, un tricoté & sept autres Coquilles.

531 Une Massue & sept autres Coquilles.

532 Une Came guillochée, une Came truitée, & trois autres.

533 Une Came coupée, une polie, & deux Vieilles ridées.

534 Deux Poulettes de la Méditerranée, & autres Coquilles.

535 Une Cordeliere, deux Tapis de Perse, & sept autres Coquilles.

536 Deux Tasses, dont une mouchetée, & une Cordeliere de la rare espece.

537 Deux Prépuces, dont un panaché, deux Trompes, & deux autres Coquilles.

538 Une Tine de beurre & deux grandes fausses Spéculations.

539 Deux Buccins couleur de rose & quatre autres Coquilles.

540 Une Borne, un Prépuce, une Tasse alongée.

541 Un Tigre à bandes jaunes & trois autres
Coquilles.

542 Deux Huitres de Saint-Domingue & une
de la Méditerranée.

543 Une Huitre de Saint-Domingue & deux
autres.

544 Une petite Brunette, une Mître de la Chine,
une fauſſe Aîle de papillon , & cinq autres
Coquilles.

545 Un Tigre à bandes jaunes , un Drap d'or ,
& quatre autres Coquilles.

546 Un Nautile de la Méditerranée.

547 Un Scorpion , un Dragon & une Ataignée.

548 Un grouppe de Gâteaux feuilletés , une
Huitre de Saint-Domingue , & une Crête
de coq.

549 Deux grands Abricots.

550 Deux Porcelaines tigrées , un Œuf & une
Taupe.

551 Un Lievre , la Neigeuſe & trois autres
Porcelaines.

552 Un Café au lait , un Tigre , une Boſſue ,
& quatre autres Coquilles.

553 Un Œuf , une Boſſue , un Café au lait ,
& trois autres Coquilles.

554 Une Huitre de Saint-Domingue & une de
Malte.

555 Une Selle des grandes Indes.

556 Un Nautile de la Méditerranée & trois
　　autres Coquilles.

557 Une Huitre de l'Amérique.

558 *Idem.*

559 *Idem.*

560 Une Chicorée blanche, une Araignée & un
　　Télescope.

561 Un Buccin feuilleté, & dix Coquilles de
　　différentes especes.

562 *Idem.*

563 Seize Coquilles de différentes especes.

564 *Idem.*

565 Deux Conques persiques, deux Ivoires &
　　une Mître.

566 Une Moule du Rhin.

567 Un Nautile de la Méditerranée.
568 *Idem.*

569 Deux Huitres de Saint-Domingue.

570 Un Nautile nacré des grandes Indes.

571 Deux Cames, un Abricot & une Bille.

572 Deux Abricots, une Came & une Bille.

573 Une Moule malouine, une petite Tuilée
　　& cinq autres Coquilles.

574 Un Buccin feuilleté, deux Dattes, & six
　　autres Coquilles.

575 Seize Vis.

576 Une petite Came, une Bille, une Telline
violette, & trois autres Coquilles.

577 Vingt-trois Nérites à bouche saignante.

578 Un Oiseau, une Bille, & six autres Coquilles.

579 Une Araignée mâle, une femelle, & deux
autres Coquilles.

580 Un Cœur, une Tuilée, une Musique, &
trois autres Coquilles.

581 Un Toit chinois, & six autres Coquilles.

582 Un Sabot marbré, deux Turbans, & cinq
autres Coquilles.

583 Un Cœur épineux de la Méditerranée, &
un Cœur noir, rare.

584 Deux Crêtes de coq, un Oiseau, une
Vieille ridée & une Lanterne.

585 Deux Crêtes de coq, une Haire & trois
autres Coquilles.

586 Une Moule du Mississipi & une petite
bleue.

587 *Idem* de la rare espece, & une jaune de la
Méditerranée.

588 Un Cœur, une Tuilée, & un Cœur noir,
rare.

589 Une Mûre à bouche aurore, deux Bouches
d'argent, & quatre autres Coquilles.

590 Un Tigre à bandes jaunes, un Taffetas,
& une Ecorchée.

H

591 Deux Cames, un Abricot & une Bille.

592 Deux Turbinites, & trois autres Coquilles.

593 Un Buccin à tubercules & un Limas alongé de Madagascar.

594 Deux Abricots jaune & blanc, une Came, & une Telline violette.

595 Une Mitre & une Thiare.

596 Deux Abricots jaune & blanc, une Came, & une Bille.

597 Une Tasse panachée & un Buccin ailé.

598 Un Buccin à tubercules & deux Cœurs.

599 Une grande Moule bleue & une Datte.

600 Un Casque d'Espagne, & six autres Coquilles.

601 Une Unique, deux Bouches d'argent, & six autres Coquilles.

602 Un Nautile de la Méditerranée.

603 Un Nautile des grandes Indes.

604 Deux Moules de Magellan.

605 Une Moule de Magellan.

606 Deux Veuves polies.

607 Deux Moules de Magellan.

608 Deux Chicorées de Gorée.

609 Une grande Cordeliere, une grande Tu-
lipe & un Plomb couleur de chair.

610 Un Peigne du Nord, deux Arches du
Nord, & quatre autres Coquilles.

611 Deux Cames, & trois autres coquilles.

612 Un Chou & un Cœur à volutes.

613 Un Chou & une Aigrette.

614 Un Bélier & un Chou.

615 Deux Abricots, deux Ivoires & une
Datte.

616 Une Moule fluviatile, une autre de Guinée
& une de la Côte d'Or.

617 Deux Abricots, un Came & une Bille.

618 Une Huître de l'Amérique & trois de
Malte.

619 Trois Huîtres de l'Amérique.

620 Un Chou très-grand.

621 Seize coquilles de différentes espèces.

622 Un Chou.

623 *Idem.*

624 Deux Turbinites, trois Musiques, & cinq
autres coquilles.

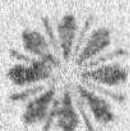

H ij

CORAUX.

625 Trois jolies branches de Corail rouge sur roche, enfermées sous une cage de verre.

626 Plusieurs branches de Corail.

627 Un Corail monté sur un pied de bois noir.

628 Un joli Corail rouge, formant buisson dessus sa roche.

629 Un *idem* formant l'espalier.

630 *Idem.*

631 *Idem.*

MADRÉPORES.

632 Un joli Madrépore, espèce de Mille-doigts.

633 Un autre représentant un if.

634 Un Mille-doigts garni de vermiculaires.

635 Un Madrépore bleu.

636 Un Madrépore en choufleur.

637 Un Char de Neptune & une petite espèce de Patte de crapaud.

638 Un autre en espalier rond.

639 Un Limas & un Champignon de mer.

640 Deux Lambis, sur chacun desquels est un Madrépore.

641 Un Madrépore bleu.

642 Un très-joli Madrépore blanc.

643 Un Mille-doigts chargé de vermiculaires.

644 Un Cerveau de Neptune.

645 Un Astroïte à petites étoiles.

646 Un Œillet de mer à dents.

647 Un Madrépore en fraise de veau.

648 Un Tuyau d'orgue.

OUVRAGES DE L'ART.

649 Une Voliere unique par le travail de
l'artiste, grillée en fil d'argent d'Allemagne, avec sept pavillons & un parterre dans le milieu.

650 Une Cage à quatre pans faite en mosaïque.

651 Une Cage faite en mosaïque avec un
balcon.

652 Une Voliere faite en façon chinoise &
un parterre.

653 Une Voliere propre à mettre douze différentes sortes d'oiseaux, tout se com-
munique si l'on veut.

654 Une petite Cage pour un oiseau seul
& une Cabane.

655 Une petite Commode & un Porte-montre.

656 Deux Porte-montres & une petite Commode.

657 Un Coffre de toilette de jaspe d'Italie, monté en argent, avec une serrure d'argent.

658 Un Surtout de quatorze vases artistement faits, le tout en coquilles, sous verre.

659 Modèle d'un grand Vaisseau, nommé le *Superbe*.

Permis d'imprimer & distribuer, ce 15 Novembre 1777.

LE NOIR.

De l'Imprimerie de D'HOURY, Imprimeur-Libraire de Mgr le Duc D'ORLÉANS & de Mgr le Duc de CHARTRES, *rue Vieille-Bouclerie*.